10 Princípios para Navegar na Complexidade da Existência

1. Introdução

Capítulo 1: Introdução

O que esperar deste livro

Ao longo deste livro, exploraremos os 10 princípios fundamentais para navegar na complexidade da existência. Cada princípio oferece uma perspectiva única e valiosa sobre como enfrentar os desafios da vida e buscar o autoaperfeiçoamento. Nossa jornada incluirá uma análise aprofundada de cada princípio, exemplos fictícios de personalidades notáveis que personificam esses princípios e como aplicá-los em situações do dia a dia.

Exploração dos 10 princípios

Nosso foco principal será a exploração detalhada dos 10 princípios essenciais para navegar na complexidade da existência. Cada princípio será abordado em profundidade, fornecendo insights e orientações práticas para sua aplicação na vida cotidiana.

Breve descrição de cada princípio

Para cada princípio, forneceremos uma breve descrição que destaca sua importância e relevância para o autoaperfeiçoamento. Compreender a essência de cada princípio é fundamental para integrá-los em nossa jornada de crescimento pessoal.

Exemplos fictícios de personalidades notáveis

Utilizaremos exemplos fictícios de figuras proeminentes para ilustrar como esses princípios podem ser vivenciados e aplicados por indivíduos em diferentes contextos e desafios da vida.

Aplicação na vida diária

Além disso, examinaremos como cada princípio pode ser incorporado em situações do dia a dia, fornecendo orientações práticas para os leitores que desejam integrar esses princípios em suas próprias vidas.

> **Retrato Biográfico**
>
> O autor deste livro, Biografia: Bruno da Silva Rabêlo
>
> Bruno nasceu em 12 de fevereiro de 2000, no interior do Maranhão, onde absorveu as riquezas culturais locais durante sua infância. Em 2016, aos 16 anos, iniciou sua jornada rumo a São Paulo em busca de novas experiências e oportunidades. Desde sua juventude, Bruno demonstrou um amor pela leitura e uma incessante busca por autoconhecimento e significado na vida. Fascinado pelas páginas dos livros e motivado pela exploração dos mistérios da existência, ele encontrou um propósito profundo em desvendar os segredos da mente e do coração. Ao longo dos anos, sua paixão por explorar o mundo interior e as questões essenciais da vida moldou seu caminho. Através de suas experiências, estudos e reflexões, Bruno desenvolveu uma visão singular sobre como navegar na complexidade da existência, baseando-se em 10 princípios que o guiam em sua própria jornada de autodescoberta e crescimento pessoal. Atualmente, Bruno da Silva Rabêlo é um jovem visionário e autor renomado do livro "Navegando na Complexidade: 10 Princípios para uma Vida Significativa". Nesta obra, ele compartilha sabedoria, insights e práticas que auxiliam os leitores a descobrir propósito, equilíbrio e significado em meio aos desafios da vida. Sua trajetória é um exemplo vivo da capacidade humana de transformar obstáculos em oportunidades e iluminar o caminho em direção a uma vida plena e significativa.

A importância da navegação na complexidade da existência

Em um mundo cada vez mais complexo e desafiador, a capacidade de navegar com sucesso na complexidade da existência tornou-se crucial para o bem-estar e o crescimento pessoal. Neste contexto, é fundamental compreender os desafios enfrentados na vida moderna e os benefícios que o autoaperfeiçoamento pode proporcionar.

Desafios da vida moderna

Os desafios da vida moderna abrangem desde a incerteza e a mudança constante até a pressão social e a sobrecarga de informações. Compreender e enfrentar esses desafios é essencial para alcançar uma vida equilibrada e significativa.

Benefícios do autoaperfeiçoamento

O autoaperfeiçoamento oferece uma variedade de benefícios, incluindo maior resiliência, bem-estar emocional, relacionamentos mais significativos e uma sensação mais profunda de propósito e realização. Ao longo deste livro, exploraremos como os 10 princípios podem ser aplicados para alcançar esses benefícios e enfrentar os desafios da vida moderna.

2. Princípio 1: Aceitar a Incerteza

Capítulo 2: Princípio 1: Aceitar a Incerteza

Compreendendo a incerteza

A vida é repleta de incertezas. Desde as decisões do dia a dia até os grandes eventos que moldam nosso futuro, a incerteza é uma constante. A natureza da incerteza na vida humana é complexa e multifacetada. Ela pode surgir de várias fontes, como a falta de informações completas, a imprevisibilidade de eventos futuros e a natureza volátil das relações humanas.

O impacto da incerteza na tomada de decisão é significativo. Muitas vezes, somos confrontados com escolhas que envolvem riscos desconhecidos e resultados incertos. A incerteza pode levar à indecisão, ao medo do desconhecido e à ansiedade em relação ao futuro. No entanto, compreender a incerteza e seus efeitos pode nos capacitar a tomar decisões mais informadas e a lidar com os desafios que surgem em nosso caminho.

Abordagens para lidar com a incerteza

Existem várias abordagens para lidar com a incerteza. A aceitação e adaptação são fundamentais para enfrentar a incerteza de forma construtiva. Aceitar a incerteza significa reconhecer sua presença e entender que nem sempre podemos ter controle total sobre as situações que enfrentamos. A adaptação envolve a capacidade de ajustar nossas expectativas e planos à medida que novas informações e circunstâncias se desdobram.

Além da aceitação e adaptação, o desenvolvimento da resiliência é essencial para lidar com a incerteza. A resiliência nos permite enfrentar desafios, superar adversidades e manter a calma em meio à turbulência.

Ao cultivar a resiliência, podemos fortalecer nossa capacidade de lidar com a incerteza e emergir mais fortes e mais sábios.

Exemplos de figuras históricas

A história está repleta de exemplos de figuras notáveis que enfrentaram e superaram a incerteza em suas vidas. Desde líderes visionários até artistas inovadores, essas personalidades deixaram um legado de coragem e determinação diante da incerteza. Suas experiências oferecem lições valiosas sobre como abraçar a incerteza e transformá-la em oportunidade.

As experiências de figuras históricas como Abraham Lincoln, Marie Curie e Nelson Mandela ilustram a capacidade humana de enfrentar a incerteza com coragem e resiliência. Suas vidas são testemunho do poder da aceitação, adaptação e resiliência diante das circunstâncias mais desafiadoras. Ao estudar suas jornadas, podemos aprender lições profundas sobre como lidar com a incerteza em nossas próprias vidas.

3. Princípio 2: Cultivar a Resiliência

Capítulo 3: Princípio 2 - Cultivar a Resiliência

Entendendo a resiliência

A resiliência é a capacidade de lidar com adversidades, superar desafios e se adaptar a situações difíceis. Ela é uma característica fundamental para o desenvolvimento pessoal e a capacidade de enfrentar as incertezas da vida. A resiliência não se limita apenas à capacidade de superar dificuldades, mas também envolve a habilidade de aprender com essas experiências e crescer a partir delas.

Definição e características

A resiliência pode ser definida como a capacidade de se recuperar de situações desafiadoras, de manter a calma em momentos de crise e de encontrar soluções para os problemas. Ela envolve a habilidade de se adaptar a mudanças, de manter uma atitude positiva diante das adversidades e de buscar apoio quando necessário. As características da resiliência incluem a determinação, a flexibilidade, a autoconfiança e a capacidade de enfrentar o desconhecido com coragem.

Importância da resiliência

A resiliência desempenha um papel crucial na vida das pessoas, pois permite que enfrentem os desafios de forma construtiva, sem se deixar abater pelas dificuldades. Ela é essencial para a saúde mental e emocional, ajudando a reduzir o estresse, a ansiedade e a depressão. Além disso, a resiliência contribui para o desenvolvimento de habilidades de enfrentamento, promove a autoestima e fortalece as relações interpessoais. Em um mundo em constante mudança, a resiliência se torna uma ferramenta valiosa para lidar com os altos e baixos da vida.

A fALTA DE RESILIÊNCIA pode levar a uma série de danos e impactos negativos na vida das pessoas, tais como:

1. Dificuldade em Lidar com Adversidades: Pessoas menos resilientes tendem a se sentir sobrecarregadas e desamparadas diante de desafios e situações difíceis, o que pode levar a um aumento do estresse e da ansiedade.

2. Baixa Autoestima e Confiança: A falta de resiliência pode minar a autoconfiança e a autoestima, tornando mais difícil enfrentar críticas e lidar com falhas sem se abalar emocionalmente.

3. Problemas de Saúde Mental: A ausência de resiliência está associada a um maior risco de desenvolver problemas de saúde mental, como depressão e ansiedade, devido à dificuldade em superar adversidades e lidar com o estresse.

4. Isolamento Social: A falta de resiliência pode levar à retração social e ao isolamento, pois a pessoa pode evitar situações desafiadoras ou interações que considera difíceis.

5. Dificuldade em Estabelecer Relacionamentos Saudáveis: A falta de resiliência pode afetar a capacidade de estabelecer e manter relacionamentos saudáveis, uma vez que lidar com conflitos e desafios interpessoais pode ser especialmente difícil.

6. Impacto no Desempenho Profissional: Pessoas com baixa resiliência podem ter dificuldade em lidar com a pressão no ambiente de trabalho, o que pode afetar seu desempenho e sua capacidade de lidar com mudanças e desafios profissionais.

Desenvolver resiliência é fundamental para lidar de forma mais eficaz com os desafios da vida e promover o bem-estar emocional e mental. A resiliência ajuda as pessoas a se adaptarem, crescerem com as experiências adversas e superarem obstáculos com mais facilidade e confiança.

4. Princípio 3: Desenvolver a Empatia

Capítulo 4: Princípio 3 - Desenvolver a Empatia

Significado e importância da empatia

A empatia é um dos princípios fundamentais para navegar na complexidade da existência. Ela desempenha um papel crucial no desenvolvimento de relacionamentos saudáveis, na resolução de conflitos e no fortalecimento da comunidade. Nesta seção, exploraremos a definição de empatia e os benefícios que ela traz para a vida diária.

Definição de empatia

A empatia pode ser definida como a capacidade de compreender e compartilhar os sentimentos de outra pessoa. Envolve a habilidade de se colocar no lugar do outro, reconhecendo suas emoções e reagindo de maneira compassiva. A empatia vai além da simples simpatia, pois implica em uma conexão emocional genuína com o próximo.

Quando uma pessoa demonstra empatia, ela é capaz de reconhecer a experiência emocional do outro e responder de forma apropriada, oferecendo suporte e compreensão. A empatia é essencial para a construção de relacionamentos significativos e para a promoção de um ambiente de compreensão e aceitação mútua.

Benefícios da empatia

A prática da empatia traz uma série de benefícios para a vida individual e coletiva. Ao desenvolver a capacidade de se colocar no lugar do outro, as pessoas podem fortalecer seus laços interpessoais, promover a resolução pacífica de conflitos e contribuir para um ambiente mais harmonioso.

Além disso, a empatia é fundamental para o desenvolvimento de habilidades de liderança, comunicação eficaz e colaboração em equipe. Ela também desempenha um papel crucial na promoção da saúde mental, reduzindo o isolamento social e fomentando a solidariedade e a compaixão.

A FALTA DE EMPATIA pode causar uma série de impactos negativos, incluindo:

1. Problemas nas Relações Interpessoais: A falta de empatia dificulta a capacidade de compreender e se conectar com os outros, o que pode levar a conflitos, mal-entendidos e relacionamentos prejudicados.

2. Comportamento Egoísta: A falta de empatia pode resultar em comportamentos egoístas, nos quais a pessoa prioriza suas próprias necessidades e interesses em detrimento dos outros.

3. Isolamento Social: A falta de empatia pode levar à alienação social, pois as pessoas podem se afastar daqueles que não demonstram compreensão ou apoio emocional.

4. Bullying e Comportamento Agressivo: A falta de empatia está associada a um maior risco de comportamentos agressivos, como bullying, intimidação e violência, devido à falta de consideração pelos sentimentos e bem-estar dos outros.

5. Dificuldade em Colaborar e Trabalhar em Equipe: A falta de empatia pode prejudicar a capacidade de colaborar e trabalhar em equipe, pois a compreensão e a consideração pelos outros são essenciais para o sucesso em ambientes colaborativos.

6. Impacto na Saúde Mental: A falta de empatia pode contribuir para problemas de saúde mental, como isolamento, solidão e sentimentos de alienação, devido à incapacidade de se conectar emocionalmente com os outros.

Cultivar a empatia é fundamental para promover relacionamentos saudáveis, construir comunidades mais compassivas e contribuir para um mundo mais acolhedor e solidário.

5. Princípio 4: Praticar a Gratidão

Capítulo 5: Princípio 4 - Praticar a Gratidão

Explorando a prática da gratidão

A gratidão é um dos princípios fundamentais para navegar na complexidade da existência. Ela envolve reconhecer e apreciar as coisas boas da vida, independentemente do tamanho ou da frequência. A prática da gratidão vai além de simplesmente dizer "obrigado", é um estado de espírito que pode transformar a maneira como vemos o mundo e como nos relacionamos com ele.

Definição e significado

A gratidão pode ser definida como a qualidade de ser grato, de mostrar apreço e reconhecimento por algo recebido. Significa valorizar as bênçãos, as experiências positivas e até mesmo os desafios que nos ensinam lições valiosas. A prática da gratidão envolve cultivar um coração agradecido, independentemente das circunstâncias.

Quando somos gratos, estamos conscientes das coisas boas que nos cercam, e isso nos ajuda a manter uma perspectiva positiva, mesmo nos momentos difíceis. A gratidão nos lembra de que a vida é um presente e que cada dia traz oportunidades para apreciar e valorizar.

Impacto positivo na mentalidade

A prática da gratidão tem um impacto significativo em nossa mentalidade e bem-estar emocional. Quando cultivamos a gratidão, estamos treinando nossa mente para focar no que é bom e positivo em nossas vidas, em vez de nos concentrarmos no que está faltando ou no que não está indo bem.

Estudos têm demonstrado que pessoas que praticam a gratidão regularmente tendem a ser mais felizes, menos estressadas e mais resilientes diante dos desafios. A gratidão também está associada a níveis mais baixos de depressão e ansiedade, e a uma maior capacidade de lidar com as adversidades da vida.

Além disso, a prática da gratidão promove um senso de conexão com os outros e com o mundo ao nosso redor. Ela nos ajuda a valorizar os relacionamentos e a fortalecer os laços com as pessoas que nos cercam, criando um ambiente de positividade e compreensão mútua.

A FALTA DE GRATIDÃO pode resultar em diversos impactos negativos, tais como:

1. Ingratidão e Insatisfação Constante: A falta de gratidão pode levar a uma mentalidade de insatisfação constante, onde a pessoa não reconhece ou valora as coisas positivas em sua vida, focando apenas no que falta.

2. Diminuição do Bem-Estar Emocional: A ausência de gratidão pode contribuir para um estado de infelicidade, descontentamento e falta de alegria, afetando o bem-estar emocional e mental.

3. Relacionamentos Fragilizados: A falta de gratidão pode impactar negativamente os relacionamentos, pois a pessoa pode não expressar apreço e reconhecimento pelos outros, o que pode levar a sentimentos de desvalorização e distanciamento.

4. Perda de Perspectiva: Sem gratidão, a pessoa pode perder a perspectiva sobre as coisas boas que possui em sua vida, focando apenas nas dificuldades e desafios, o que pode gerar um ciclo de negatividade.

5. Menor Resiliência: A falta de gratidão pode prejudicar a capacidade da pessoa de lidar com adversidades e superar desafios, uma vez que a perspectiva positiva e a apreciação pelas coisas boas da vida são fundamentais para promover a resiliência.

6. Impacto na Saúde Mental e Física: A ausência de gratidão pode estar associada a níveis mais elevados de estresse, ansiedade e até mesmo problemas de saúde física, uma vez que a gratidão é um fator importante para promover o bem-estar global.

Cultivar a gratidão diariamente pode trazer benefícios significativos, promovendo uma atitude mais positiva, fortalecendo relacionamentos e melhorando a qualidade de vida de forma geral.

6. Princípio 5: Encontrar Significado e Propósito

Capítulo 6: Princípio 5 - Encontrar Significado e Propósito

A importância do significado e propósito

Encontrar significado e propósito na vida é essencial para o bem-estar emocional, mental e espiritual. Quando uma pessoa tem clareza sobre o que é significativo para ela e encontra um propósito que a motiva, ela experimenta uma sensação de plenitude e direção em sua jornada.

Definição de significado e propósito

O significado refere-se à compreensão pessoal de como uma pessoa percebe o mundo e seu lugar nele. Está relacionado a valores, crenças e princípios que guiam suas escolhas e ações. Já o propósito está ligado à sensação de ter um objetivo maior na vida, algo que vai além das necessidades individuais e contribui para um bem maior.

Impacto na qualidade de vida

Quando alguém encontra significado e propósito, isso pode ter um impacto profundo em sua qualidade de vida. A sensação de direção e motivação resultante pode aumentar a resiliência emocional, ajudar a superar desafios e promover um senso de realização e satisfação pessoal.

Além disso, ter um propósito claro pode influenciar positivamente a saúde mental, reduzindo o estresse e a ansiedade. Pessoas que encontram significado em suas vidas tendem a ter uma perspectiva mais positiva e a lidar melhor com as adversidades.

A FALTA DE SIGNIFICADO E PROPÓSITO na vida pode resultar em uma série de impactos negativos, tais como:

1. Sentimento de Vazio: A ausência de um propósito claro e significado na vida pode levar a um profundo sentimento de vazio e falta de direção, resultando em um estado de apatia e desmotivação.

2. Desorientação e Desconexão: Sem um propósito definido, a pessoa pode se sentir perdida e desconectada consigo mesma e com o mundo ao seu redor, sem um norte que oriente suas escolhas e ações.

3. Sensação de Estagnação: A falta de significado e propósito pode contribuir para uma sensação de estagnação e falta de progresso, impedindo o crescimento pessoal e a realização de metas e aspirações.

4. Baixa Autoestima e Desesperança: A ausência de um propósito pode minar a autoestima e gerar um sentimento de desesperança em relação ao futuro, levando à desmotivação e descrença nas próprias capacidades.

5. Risco de Depressão e Ansiedade: A falta de significado e propósito na vida está associada a um maior risco de desenvolver problemas de saúde mental, como depressão e ansiedade, devido à falta de um foco que dê sentido e direção à existência.

6. Relacionamentos Fragilizados: A falta de propósito pode afetar os relacionamentos, uma vez que a pessoa pode não se sentir realizada e feliz consigo mesma, o que pode se refletir nas interações com os outros.

Encontrar significado e propósito na vida é fundamental para promover o bem-estar emocional, a satisfação pessoal e a resiliência diante dos desafios. Ter um propósito claro pode guiar as ações e decisões, proporcionando um sentido mais profundo de realização e contentamento.

7. Princípio 6: Manter o Equilíbrio

Capítulo 7: Princípio 6 - Manter o Equilíbrio

Equilíbrio na vida diária

O equilíbrio na vida diária refere-se à capacidade de gerenciar diferentes aspectos da vida de forma harmoniosa, evitando extremos e priorizando a moderação. Trata-se de encontrar a estabilidade entre trabalho, lazer, relacionamentos, saúde física e mental, e outras áreas importantes da vida.

Definição de equilíbrio

O equilíbrio pode ser definido como a busca por uma distribuição saudável de tempo, energia e recursos entre as diversas áreas da vida. Isso envolve a capacidade de priorizar, estabelecer limites e tomar decisões conscientes para garantir que nenhum aspecto seja negligenciado em detrimento de outro.

Importância do equilíbrio

O equilíbrio é fundamental para promover o bem-estar e a qualidade de vida. Quando estamos equilibrados, somos mais capazes de lidar com desafios, manter relacionamentos saudáveis, alcançar metas pessoais e lidar com o estresse de forma mais eficaz. Além disso, o equilíbrio ajuda a prevenir o esgotamento e a exaustão, promovendo uma sensação de harmonia e satisfação geral.

A FALTA DE EQUILÍBRIU na vida pode manifestar-se de várias maneiras, como estresse, ansiedade, insatisfação profissional ou pessoal, e até mesmo problemas de saúde. Para recuperar ou manter o equilíbrio na vida, é importante:

- Autoconhecimento: Entender suas próprias necessidades, desejos e limites.

- Autocuidado: Priorizar sua saúde física e mental, o que pode incluir exercícios físicos, alimentação saudável, meditação e tempo de qualidade com amigos e família.

- Gestão do tempo: Equilibrar o tempo entre trabalho, lazer e descanso.

- Flexibilidade: Estar aberto a ajustes e mudanças na rotina quando necessário.

- Definição de prioridades: Saber o que é mais importante para você e dedicar tempo e energia a isso.

A vida em equilíbrio está ligada ao autoconhecimento e ao autocuidado, pois a saúde física e mental são fundamentais para o bom funcionamento de todos os outros aspectos da vida[3]. Se esses elementos não estiverem bem, é difícil manter um equilíbrio geral[3].

Se você sentir que a falta de equilíbrio está afetando significativamente sua vida, pode ser útil procurar o apoio de um profissional, como um psicólogo ou coach de vida, que pode ajudar a identificar as áreas desequilibradas e desenvolver estratégias para melhorá-las.

8. Princípio 7: Cultivar a Autenticidade

Capítulo 8: Princípio 7 - Cultivar a Autenticidade

A importância da autenticidade

A autenticidade é um dos princípios fundamentais para navegar na complexidade da existência. Ela se refere à capacidade de ser verdadeiro consigo mesmo, de agir de acordo com seus valores e crenças, e de se expressar de forma genuína nas interações com os outros. A busca pela autenticidade é essencial para o autoaperfeiçoamento e para a construção de relacionamentos significativos.

Definição de autenticidade

Definir autenticidade pode ser um desafio, pois envolve aspectos emocionais, comportamentais e psicológicos. Em termos simples, ser autêntico significa agir de acordo com quem você realmente é, sem mascarar suas emoções, pensamentos ou identidade. É a congruência entre o que se sente, pensa e faz, sem se deixar influenciar por pressões externas para se encaixar em padrões que não refletem sua essência.

Benefícios de viver autenticamente

Viver de forma autêntica traz uma série de benefícios para a vida diária. Quando uma pessoa é autêntica, ela experimenta uma sensação de integridade e congruência interna, o que contribui para uma maior autoestima e autoconfiança. Além disso, a autenticidade fortalece os relacionamentos interpessoais, pois as pessoas ao redor reconhecem a sinceridade e honestidade nas interações, criando laços mais profundos e significativos.

Ao viver de forma autêntica, as decisões e ações estão alinhadas com os valores e crenças pessoais, o que promove uma sensação de propósito e significado na vida. Isso também contribui para a redução do estresse e da ansiedade, uma vez que a pessoa não está constantemente tentando se encaixar em papéis ou expectativas que não correspondem à sua verdadeira identidade.

falta de autenticidade.

1. Sinais de Falta de Autenticidade:

    - Fazer coisas apenas para agradar os outros, mesmo que vá contra nossos valores.

    - Não nos permitir ser quem realmente somos, seguindo padrões impostos pela sociedade.

2. Consequências da Falta de Autenticidade:

    - Problemas emocionais, como ansiedade, depressão e baixa autoestima.

    - Impacto profissional, pois a autenticidade é essencial para construir uma reputação sólida

9. Princípio 8: Abraçar a Mudança

Capítulo 9: Princípio 8 - Abraçar a Mudança

A natureza da mudança

A mudança é uma constante na vida. Ela pode ser definida como a transição de um estado para outro, seja em nível pessoal, profissional, social ou global. A natureza da mudança é intrinsecamente ligada à evolução e ao crescimento, sendo um elemento essencial para a adaptação e a inovação.

Definição de mudança

A mudança pode ser definida como a ocorrência de transformações, alterações ou modificações em diferentes aspectos da vida. Ela pode se manifestar de diversas formas, incluindo mudanças de atitude, mudanças de circunstâncias, mudanças de perspectiva e mudanças de comportamento. A capacidade de compreender e aceitar a natureza da mudança é fundamental para a jornada de autoaperfeiçoamento.

Por que a mudança é inevitável

A inevitabilidade da mudança reside na dinâmica da vida. Tanto a nível individual quanto coletivo, a mudança é uma força motriz que impulsiona a evolução e a transformação. A resistência à mudança pode resultar em estagnação e dificultar o progresso pessoal e social. Portanto, abraçar a mudança é essencial para a busca contínua de crescimento e aprimoramento.

A FALTA DE MUDANÇA e a permanência na mesmice podem ter consequências significativas em nossa vida. Vamos explorar alguns sinais que indicam a necessidade de mudança e como superar o medo que muitas vezes nos impede de evoluir:

1. Baixa Energia:

    - Se você sente que sua energia está constantemente baixa, pode ser um sinal de que algo precisa mudar.

    - A monotonia e a falta de novidades podem drenar nossa vitalidade. Preste atenção a essa sensação e considere fazer alterações para revitalizar sua vida1.

2. Sentimento de Anestesia:

    - Quando não se lembra da última vez que algo lhe causou entusiasmo ou quando não se interessa por nada, é hora de avaliar a necessidade de mudança.

    - A anestesia emocional pode indicar que você está preso em uma rotina que não estimula seu crescimento pessoal1.

3. Medo do Desconhecido:

    - O medo de mudança muitas vezes surge da nossa imaginação. Imaginamos o quanto será difícil nos adaptarmos a algo novo, seja um emprego, relacionamento ou local.

    - Lembre-se de que as mudanças são necessárias para o nosso desenvolvimento. Elas fazem parte da nossa jornada e nos proporcionam experiências valiosas2.

4. Resiliência e Preparação:

    - Encare as mudanças com resiliência. Prepare-se para tomar decisões e planeje estratégias para garantir que as mudanças sejam positivas.

- Um bom planejamento pode ajudar a reduzir o medo e aumentar sua confiança na hora de dar um passo em direção ao desconhecido3.

5. Enfoque Positivo:

    - Mude seu foco. Em vez de enfatizar o que pode dar errado, concentre-se nas oportunidades e no crescimento que a mudança pode trazer.

    - Lembre-se de que as mudanças podem ser estimulantes e motivadoras, mesmo que inicialmente causem desconforto2.

6. Aceite o Desafio:

    - Aceite que a vida é dinâmica e que a mudança é inevitável.

    - Enfrente o medo, pois é através das mudanças que aprendemos, crescemos e nos tornamos pessoas melhores4.

Lembre-se de que a falta de mudança pode nos manter estagnados. Abraçar o novo nos permite evoluir, aprender e encontrar significado em nossa jornada.

10. Princípio 9: Fomentar Relacionamentos Significativos

Capítulo 10: Princípio 9 - Fomentar Relacionamentos Significativos

Importância dos relacionamentos

Os relacionamentos desempenham um papel fundamental em nossas vidas, influenciando nossa felicidade, saúde mental e bem-estar emocional. Eles podem fornecer apoio, compreensão, amor e um senso de pertencimento. Além disso, relacionamentos significativos podem contribuir para a nossa sensação de propósito e significado na vida.

Definição de relacionamentos significativos

Relacionamentos significativos são conexões interpessoais que são baseadas em respeito mútuo, confiança, empatia e apoio mútuo. Eles envolvem comunicação aberta, compartilhamento de experiências e sentimentos, e um compromisso genuíno com o bem-estar e o crescimento do outro. Esses relacionamentos vão além de interações superficiais e proporcionam um senso de conexão profunda e significativa.

Impacto positivo na saúde e bem-estar

A presença de relacionamentos significativos está associada a uma série de benefícios para a saúde e o bem-estar. Estudos mostram que pessoas com fortes laços sociais têm menor probabilidade de desenvolver problemas de saúde mental, como depressão e ansiedade. Além disso, relacionamentos saudáveis podem contribuir para a redução do estresse, fortalecimento do sistema imunológico e aumento da longevidade. O apoio emocional e prático oferecido por relacionamentos significativos pode ajudar as pessoas a enfrentar desafios e adversidades com mais resiliência e otimismo.

A falta de relacionamentos significativos pode ter diversos impactos negativos em nossa vida. Vamos explorar alguns deles:

1. Solidão e Isolamento:

    - A dificuldade em estabelecer conexões significativas com outras pessoas pode levar a uma sensação de solidão e afastamento.

    - A falta de relacionamentos saudáveis pode afetar negativamente nosso bem-estar emocional e a qualidade de vida1.

2. Baixa Autoestima:

    - Relações significativas nos ajudam a nos sentir valorizados e apoiados.

    - A falta dessas conexões pode levar à baixa autoestima, pois não experimentamos o reconhecimento e a validação que vêm de relacionamentos saudáveis.

3. Problemas no Ambiente de Trabalho:

    - Relações interpessoais no ambiente de trabalho são essenciais para o sucesso profissional.

    - A falta de relacionamentos significativos pode afetar nossa produtividade, colaboração e satisfação no trabalho.

4. Impacto na Saúde Mental:

    - A falta de conexões significativas pode contribuir para o desenvolvimento de transtornos mentais, como depressão e ansiedade.

    - Relacionamentos negativos ou tóxicos também podem afetar nossa saúde mental.

Portanto, cultivar relacionamentos saudáveis e significativos é fundamental para nosso bem-estar emocional e qualidade de vida

11. Princípio 10: Buscar a Sabedoria

Capítulo 11: Princípio 10 - Buscar a Sabedoria

A jornada em busca da sabedoria

Buscar a sabedoria é uma jornada que atravessa séculos e culturas. A sabedoria é mais do que conhecimento; é a aplicação sábia do conhecimento na vida diária. Nesta seção, exploraremos a definição de sabedoria e as diversas fontes de onde podemos buscar esse precioso recurso.

Definição de sabedoria

A sabedoria pode ser definida como a capacidade de tomar decisões e agir de maneira sensata, baseada em um entendimento profundo da vida, das pessoas e das situações. Ela envolve a aplicação prática do conhecimento, a compreensão das consequências de nossas ações e a busca pela harmonia e equilíbrio em todas as áreas da vida.

A sabedoria também está relacionada à capacidade de aprender com as experiências, tanto as nossas quanto as dos outros, e de refletir sobre essas lições para melhorar continuamente. É um processo contínuo de crescimento pessoal e espiritual, que transcende a mera acumulação de informações.

Fontes de sabedoria

A sabedoria pode ser encontrada em uma variedade de fontes, desde os ensinamentos ancestrais até as descobertas contemporâneas. Algumas das principais fontes de sabedoria incluem:

- Tradições espirituais: As tradições religiosas e espirituais oferecem uma riqueza de sabedoria sobre como viver uma vida significativa, lidar com desafios e cultivar virtudes como compaixão, perdão e gratidão.

- Filosofia: As escolas filosóficas ao longo da história têm explorado questões fundamentais sobre a natureza da existência, a ética, a felicidade e o propósito, oferecendo insights valiosos para a busca da sabedoria.

- Literatura e arte: Obras literárias, pinturas, músicas e outras formas de expressão artística muitas vezes transmitem conhecimentos profundos sobre a condição humana, os dilemas morais e as complexidades da vida.

- Experiência pessoal: A vida cotidiana e as experiências pessoais são fontes inesgotáveis de sabedoria, desde os desafios superados até os momentos de alegria e conexão com os outros.

- Mestres e mentores: A orientação de pessoas sábias e experientes pode oferecer insights valiosos e conselhos práticos para lidar com situações difíceis e tomar decisões importantes.

Buscar a sabedoria envolve explorar essas e outras fontes, integrando os ensinamentos em nossa própria compreensão da vida e aplicando-os em nossas escolhas e ações diárias.

A FALTA DE SABEDORIA pode ter consequências significativas em nossa vida. Vamos explorar alguns aspectos relacionados a essa falta:

1. Tomada de Decisões Erradas:

    - A falta de sabedoria pode levar a escolhas inadequadas e decisões precipitadas.

    - Sem discernimento, corremos o risco de seguir caminhos que não são benéficos para nós.

2. Relacionamentos Prejudicados:

    - A sabedoria é essencial para lidar com conflitos e manter relacionamentos saudáveis.

    - A falta dela pode resultar em mal-entendidos, má comunicação e desgaste nas conexões interpessoais.

3. Estagnação Pessoal:

    - A busca pela sabedoria nos impulsiona a aprender, crescer e evoluir.

    - Sem esse desejo de conhecimento, podemos ficar presos na mesmice e não alcançar nosso potencial máximo.

4. Falta de Discernimento Espiritual:

    - A sabedoria também está relacionada ao discernimento espiritual.

    - Sem ela, podemos nos afastar de valores e princípios que nos guiam na vida.

5. Impacto na Saúde Mental:

    - A falta de sabedoria pode contribuir para estresse, ansiedade e desgaste emocional.

    - Decisões impulsivas e falta de reflexão podem afetar negativamente nossa saúde mental.

Portanto, buscar sabedoria é fundamental para uma vida equilibrada e bem-sucedida. Como mencionado em Tiago 1:5: "Se algum de vós tem falta de sabedoria, peça-a a Deus, que a todos dá liberalmente e não censura, e ser-lhe-á dada.

Resumo: Este livro é um guia para navegar na complexidade da existência, apresentando dez princípios fundamentais inspirados pela sabedoria antiga e pela psicologia moderna. Cada capítulo explora um princípio vital, desde aceitar a incerteza até manter o equilíbrio, ilustrado através de exemplos fictícios de personalidades notáveis. O leitor é encorajado a aplicar esses princípios na vida diária, buscando crescimento pessoal e clareza de propósito.

Espero que estas revisões e o resumo sejam úteis para o seu projeto. Se precisar de mais assistência, estou à disposição.

Conclusão: O Caminho para uma Vida com Propósito

Ao longo deste livro, exploramos dez princípios essenciais que oferecem um caminho para navegar na complexidade da vida com propósito e clareza. As histórias de figuras públicas que incorporaram esses princípios em suas vidas servem como um testemunho do poder da ação consciente e da reflexão profunda.

Cada princípio é uma ferramenta que, quando utilizada com intenção, pode abrir portas para o autoconhecimento e a transformação pessoal. Não são soluções rápidas, mas sim convites para embarcar em uma jornada de crescimento contínuo e descoberta.

Encorajamos você a não apenas ler sobre esses princípios, mas a vivê-los. Experimente-os em sua vida diária, ajuste-os conforme necessário e observe as mudanças que ocorrem. Lembre-se de que o caminho para uma vida significativa é único para cada indivíduo e que você tem o poder de moldar sua própria jornada.

Que este livro seja um mapa que o guie através dos altos e baixos, das certezas e incertezas, e que o inspire a construir uma vida que ressoe com seus valores mais profundos. Que você encontre alegria na simplicidade, força na adversidade e sabedoria na experiência cotidiana.

Com gratidão e esperança, convidamos você a dar o próximo passo em sua jornada com coragem, integridade e um coração aberto.

Espero que esta conclusão traga um fechamento inspirador e motivador para o livro, incentivando os leitores a aplicar os princípios em suas próprias vidas e a buscar uma existência autêntica e plena.

www.ingramcontent.com/pod-product-compliance
Lightning Source LLC
Chambersburg PA
CBHW062208220526
45470CB00009B/2966